Impressum
Verlag: BABADADA GmbH, Nedderfeld 112 , 22529 Hamburg
Geschäftsführer / Verlagsleitung: Harald Hof
Druck: Books on Demand GmbH, In de Tarpen 42, 22848 Norderstedt

Imprint
Publisher: BABADADA GmbH, Nedderfeld 112 , 22529 Hamburg, Germany
Managing Director / Publishing direction: Harald Hof
Print: Books on Demand GmbH, In de Tarpen 42, 22848 Norderstedt, Germany

škola

school

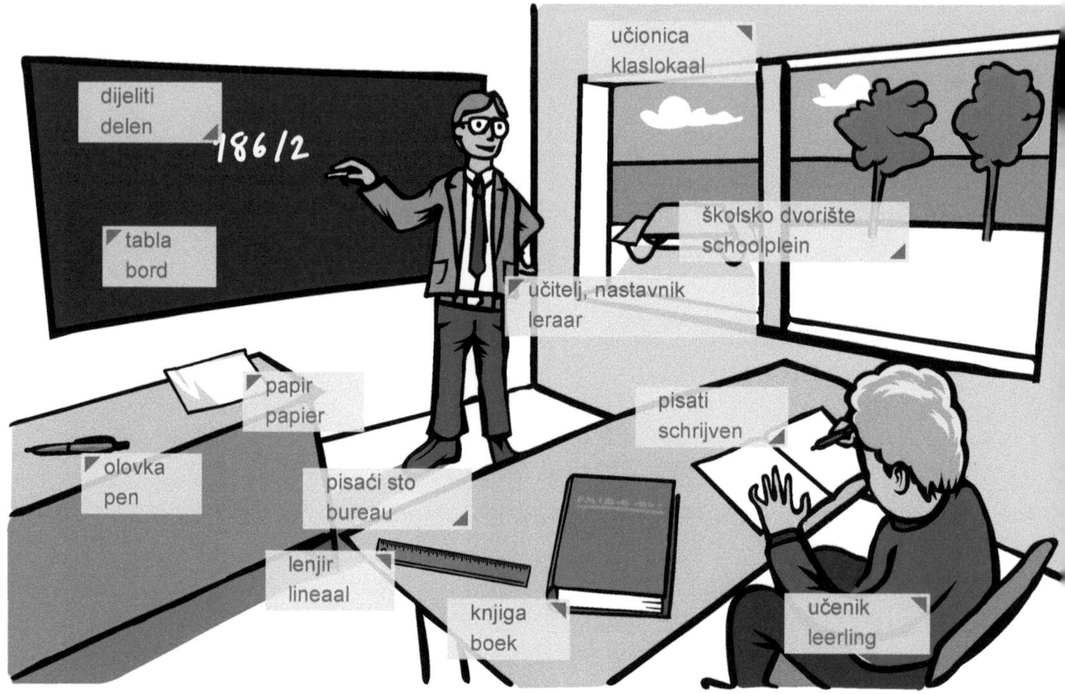

učionica
klaslokaal
dijeliti
delen
186/2
tabla
bord
školsko dvorište
schoolplein
učitelj, nastavnik
leraar
papir
papier
pisati
schrijven
olovka
pen
pisaći sto
bureau
lenjir
lineaal
knjiga
boek
učenik
leerling

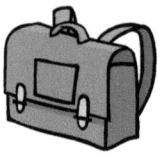

torba
schooltas

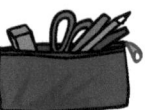

pernica
etui

drvena olovka
potlood

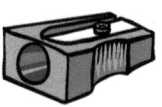

šiljalo za olovke
puntenslijper

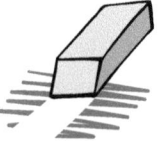

gumica
gum

blok za crtanje
schetsblok

crtež

tekening

kist

penseel

kutija s bojama

verfdoos

makaze

schaar

ljepilo

lijm

vježbanka

schrift

domaća zadaća

huiswerk

broj

getal

2+2

sabirati

optellen

oduzimati

aftrekken

množiti

vermenigvuldigen

računati

rekenen

slovo

letter

ABCDEFG
HIJKLMN
OPQRSTU
VWXYZ

abeceda

alfabet

riječ

woord

tekst

tekst

čitati

lezen

kreda

krijt

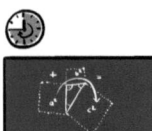

sat

les

školski dnevnik

klassenboek

ispit

examen

svjedočanstvo

diploma

školska uniforma

schooluniform

izobrazba

opleiding

leksikon

encyclopedie

univerzitet

universiteit

mikroskop

microscoop

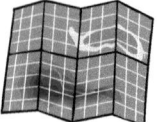

karta

kaart

korpa za papir

prullenmand

putovanje
reis

hotel
hotel
Grand
hostel
hostel
ROOMS
mjenjačnica
wisselkantoor
kofer
koffer
auto
auto

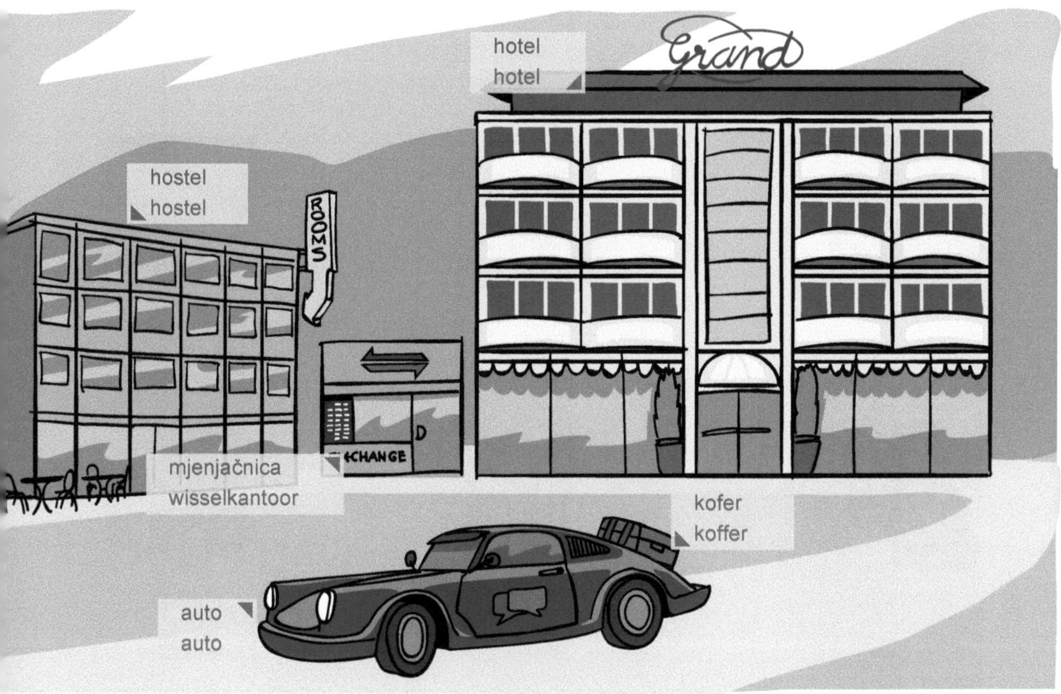

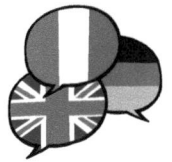

jezik

taal

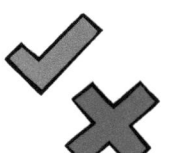

da / ne

ja / nee

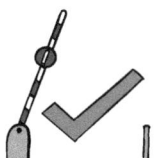

okej

oké

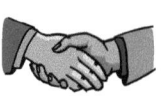

zdravo

Hallo!

tumač

tolk

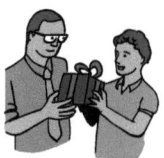

hvala

Bedankt.

Koliko košta...?

Wat kost ...?

Ne razumijem

Ik begrijp het niet.

problem

probleem

dobro veče!

Goedenavond!

Dobro jutro!

Goedemorgen!

Laku noć!

Goedenacht!

doviđenja

Tot ziens!

smjer

richting

prtljag

bagage

torba

tas

ruksak

rugzak

gost

gast

soba

kamer

vreća za spavanje

slaapzak

šator

tent

turističke informacije
VVV-kantoor

plaža
strand

kreditna kartica
creditkaart

doručak
ontbijt

ručak
lunch

večera
diner

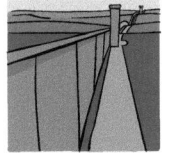

putna karta
kaartje

lift
lift

poštanska markica
postzegel

granica
grens

carina
douane

ambasada
ambassade

viza
visum

pasoš
paspoort

transport
transport

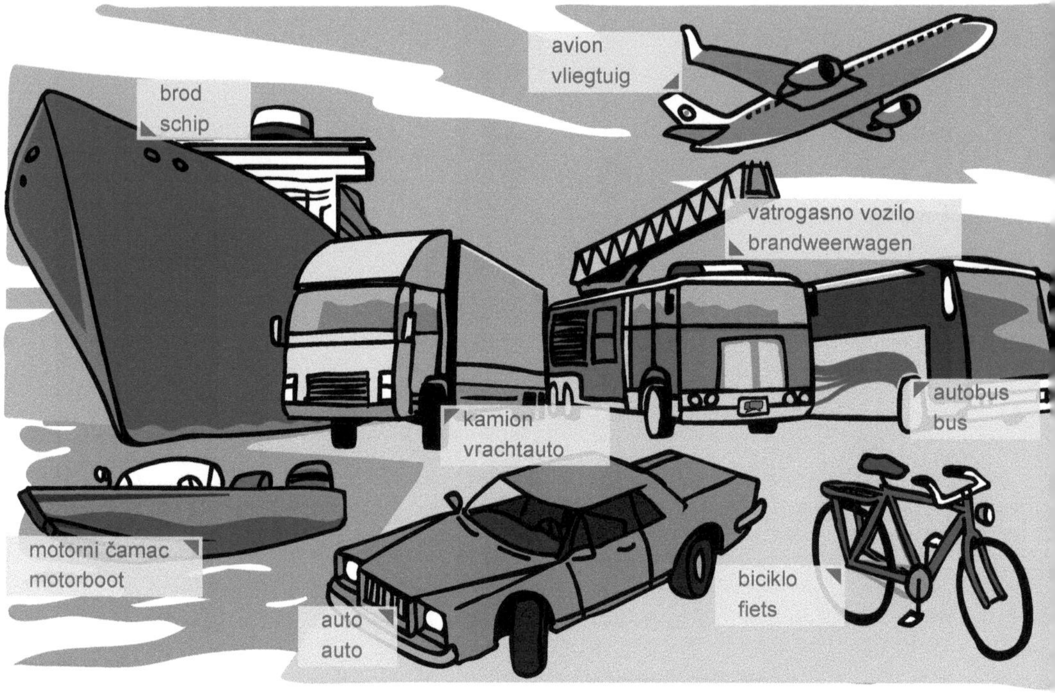
avion
vliegtuig
brod
schip
vatrogasno vozilo
brandweerwagen
autobus
bus
kamion
vrachtauto
motorni čamac
motorboot
biciklo
fiets
auto
auto

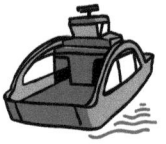

trajekt

veerboot

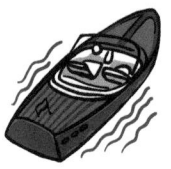

brod

boot

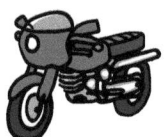

motocikl

motorfiets

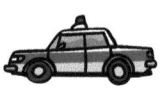

policijski automobil

politiewagen

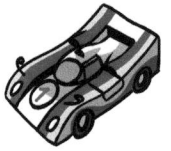

trkaći automobil

raceauto

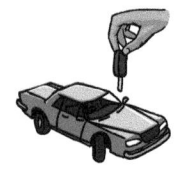

unajmljeni automobil

huurauto

kar-šering

carsharing

pauk

takelwagen

smećarsko vozilo

vuilniswagen

motor

motor

gorivo

benzine

benzinska pumpa

benzinepomp

saobraćajni znak

verkeersbord

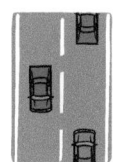

saobraćaj

verkeer

zastoj

file

parking

parkeerplaats

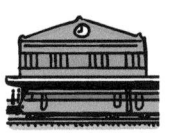

željeznička stanica

station

šine

rails

voz

trein

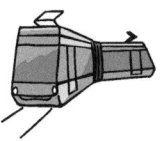

tramvaj

tram

vagon

wagon

helikopter

helikopter

aerodrom

luchthaven

toranj

toren

putnik

passagier

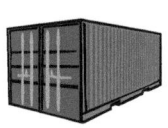

kontejner

container

karton

verhuisdoos

tačke

kar

korpa

mand

poletjeti / sletjeti

opstijgen / landen

grad

stad

selo

dorp

centar grada

stadscentrum

kuća

huis

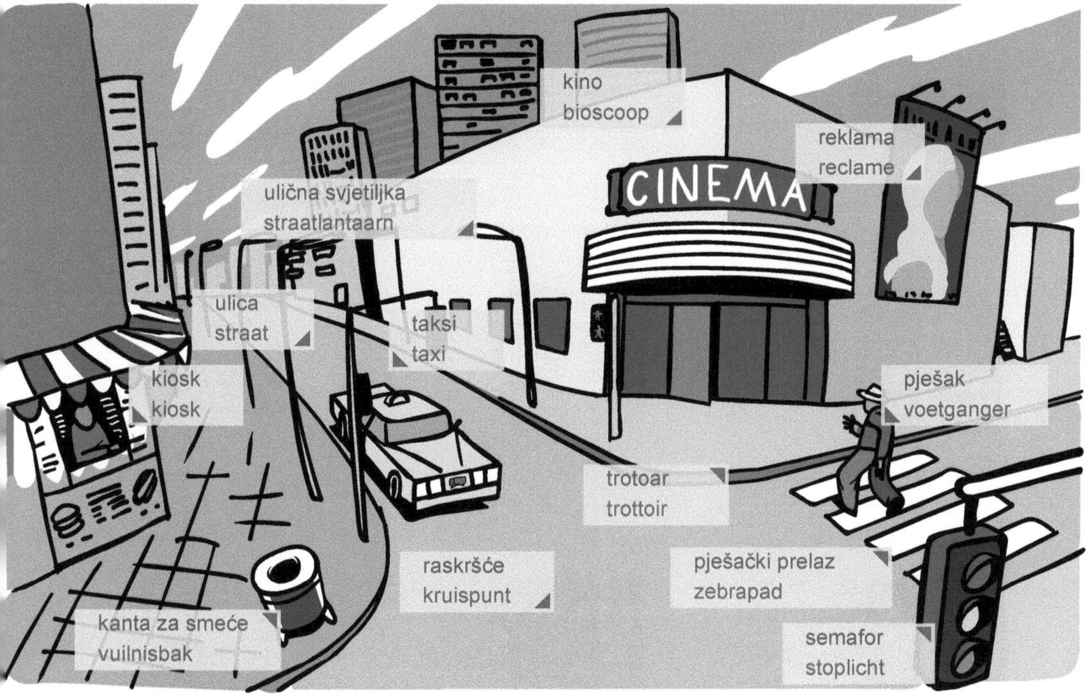

kino
bioscoop

reklama
reclame

ulična svjetiljka
straatlantaarn

CINEMA

ulica
straat

taksi
taxi

kiosk
kiosk

pješak
voetganger

trotoar
trottoir

raskršće
kruispunt

pješački prelaz
zebrapad

kanta za smeće
vuilnisbak

semafor
stoplicht

koliba
hut

stan
appartement

željeznička stanica
station

vjećnica
stadhuis

muzej
museum

škola
school

univerzitet

universiteit

banka

bank

bolnica

ziekenhuis

hotel

hotel

apoteka

apotheek

ured

kantoor

knjižara

boekenwinkel

radnja

winkel

cvjećara

bloemenwinkel

supermarket

supermarkt

pijaca

markt

robna kuća

warenhuis

prodavač ribe

visboer

trgovački centar

winkelcentrum

luka

haven

park
park

klupa
bank

most
brug

stepenice
trap

podzemna željeznica
metro

tunel
tunnel

autobuska stanica
bushalte

bar
bar

restoran
restaurant

poštanski sandučić
brievenbus

saobraćajni znak
straatnaambord

sat za naplatu parkinga
parkeermeter

zološki vrt
dierentuin

bazen
zwembad

džamija
moskee

seosko imanje
boerderij

zagađenje okoline
vervuiling

groblje
begraafplaats

crkva
kerk

igralište
speelplaats

hram
tempel

krajolik

landschap

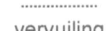

list
blad

putokaz
wegwijzer

putokaz
weg

livada
weide

kamen
steen

drvo
boom

putnik
wandelaar

rijeka
rivier

trava
gras

cvijet
bloem

dolina

vallei

brdo

berg

jezero

meer

šuma

bos

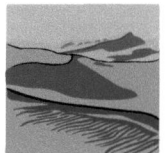

pustinja

woestijn

vulkan

vulkaan

dvorac

kasteel

duga

regenboog

gljiva

paddenstoel

palma

palmboom

komarac

mug

muha

vlieg

mrav

mier

pčela

bij

pauk

spin

buba
kever

žaba
kikker

vjeverica
eekhoorn

jež
egel

zec
haas

sova
uil

ptica
vogel

labud
zwaan

divlja svinja
wild zwijn

jelen
hert

los
eland

brana
stuwdam

vjetrenjača
windmolen

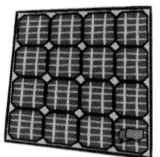

solarni modul
zonnepaneel

klima
klimaat

restoran
restaurant

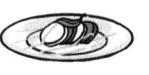

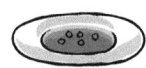

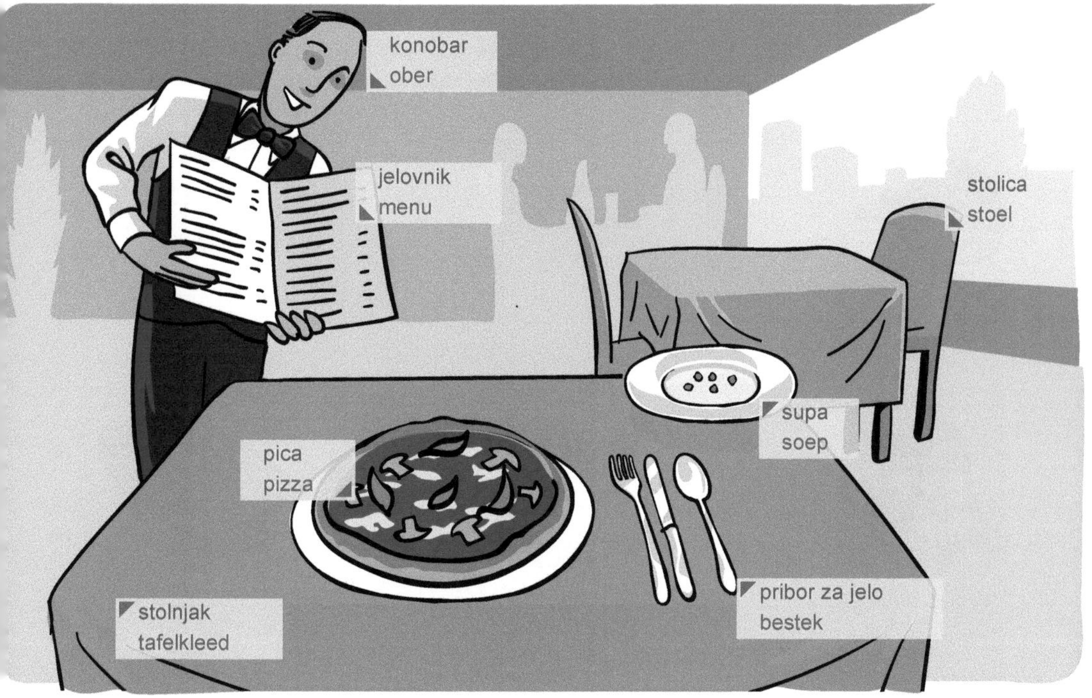
konobar
ober
jelovnik
menu
stolica
stoel
supa
soep
pica
pizza
pribor za jelo
bestek
stolnjak
tafelkleed

predjelo

voorgerecht

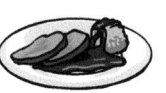

glavno jelo

hoofdgerecht

desert

toetje

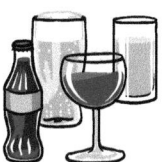

piće

dranken

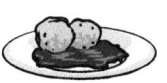

jelo

eten

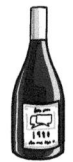

flaša

fles

brza hrana
....
fastfood

jelo sa ulice
....
eetkraampje

čajnik
....
theepot

šećernica
....
suikerpot

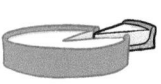

porcija
....
portie

mašina za espreso
....
espressomachine

barska stolica
....
kinderstoel

račun
....
rekening

tacna
....
dienblad

nož
....
mes

viljuška
....
vork

kašika
....
lepel

kašičica
....
theelepel

salveta
....
servet

čaša
....
glas

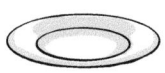

tanjir

bord

tanjir za supu

soepbord

tanjurić

schotel

sos

saus

solanik

zoutvaatje

mlin za biber

pepermolen

sirće

azijn

ulje

olie

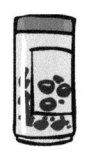

začini

kruiden

kečap

ketchup

senf

mosterd

majoneza

mayonaise

supermarket
supermarkt

ponuda
aanbieding
FOR
klijent
klant
mliječni proizvodi
zuivelproducten
voće
fruit
kolica za kupovinu
winkelwagen

BUTCHERS

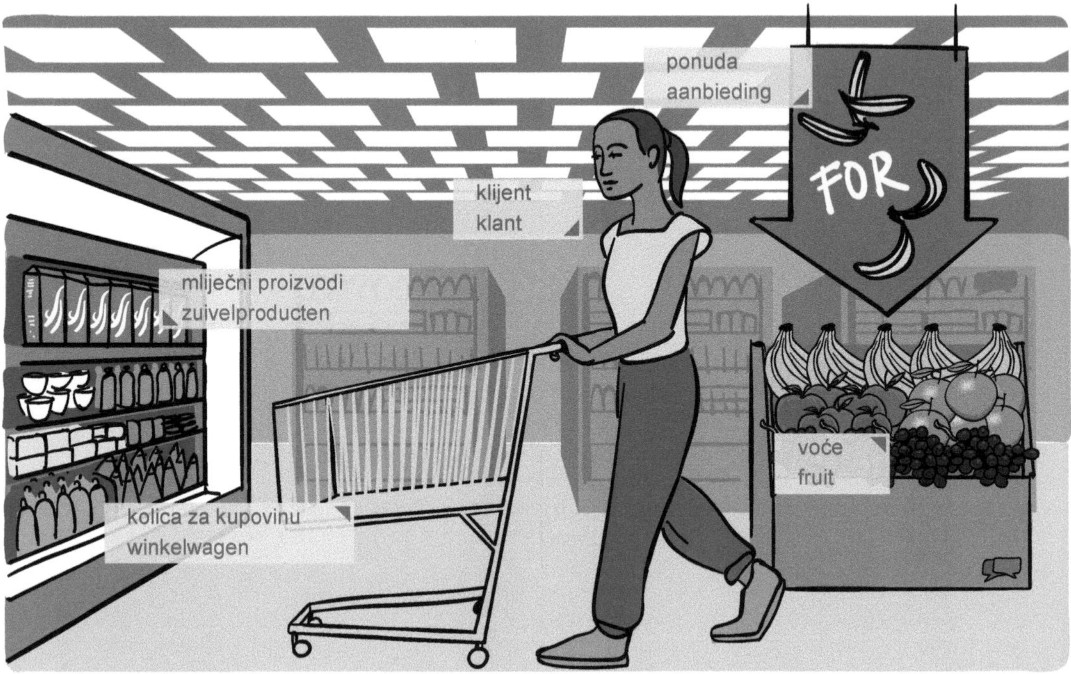

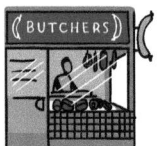

mesnica- klaonica

slager

BAKERY

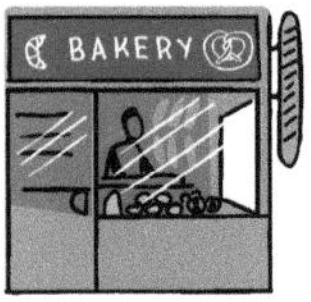

pekara

bakkerij

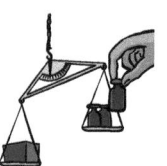

vagati

wegen

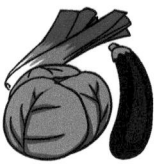

povrće

groente

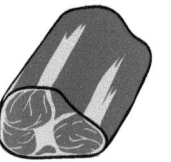

meso

vlees

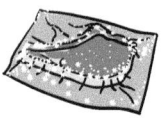

zaleđena hrana

diepvriesproducten

narezak

vleeswaren

konzerve

conserven

prašak za veš

wasmiddel

slatkiši

snoepgoed

kućanski proizvodi

huishoudelijke artikelen

sredstvo za čišćenje

schoonmaakmiddel

prodavačica

verkoopster

kasa

kassa

blagajnik

kassier

lista za kupovinu

boodschappenlijstje

radno vrijeme

openingstijden

novčanik

portefeuille

kreditna kartica

creditkaart

torba

tas

najlonska vrećica

plastic zak

voda
water

sok
sap

mlijeko
melk

kola
cola

vino
wijn

pivo
bier

alkohol
alcohol

kakao
chocolademelk

čaj
thee

kafa
koffie

espreso
espresso

kapućino
cappuccino

banana

banaan

jabuka

appel

narandža

sinaasappel

lubenica

watermeloen

limun

citroen

mrkva

wortel

bijeli luk

knoflook

bambus

bamboe

crveni luk

ui

gljiva

paddenstoel

orašasti plodovi

noten

pasta

pasta

špagete

spaghetti

riža

rijst

salata

salade

pomfrit

friet

pečeni krompir

gebakken aardappelen

pica

pizza

hamburger

hamburger

sendvič

sandwich

šnicla

schnitzel

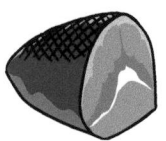

šunka

ham

kobasica

salami

kobasica

worst

kokoš

kip

pečenje

gebraad

riba

vis

zobene pahuljice

havermout

muzli

muesli

kornfleks

cornflakes

brašno

meel

kroason

croissant

zemičke

broodjes

kruh

brood

tost

toast

keksi

koekjes

maslac

boter

svježi sir

kwark

kolač

taart

jaje

ei

jaje na oko

gebakken ei

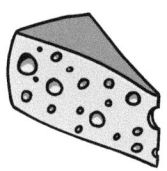

sir

kaas

sladoled
ijs

šećer
suiker

med
honing

marmelada
jam

nugat krema
chocoladepasta

kuri
kerrie

seosko imanje
boerderij

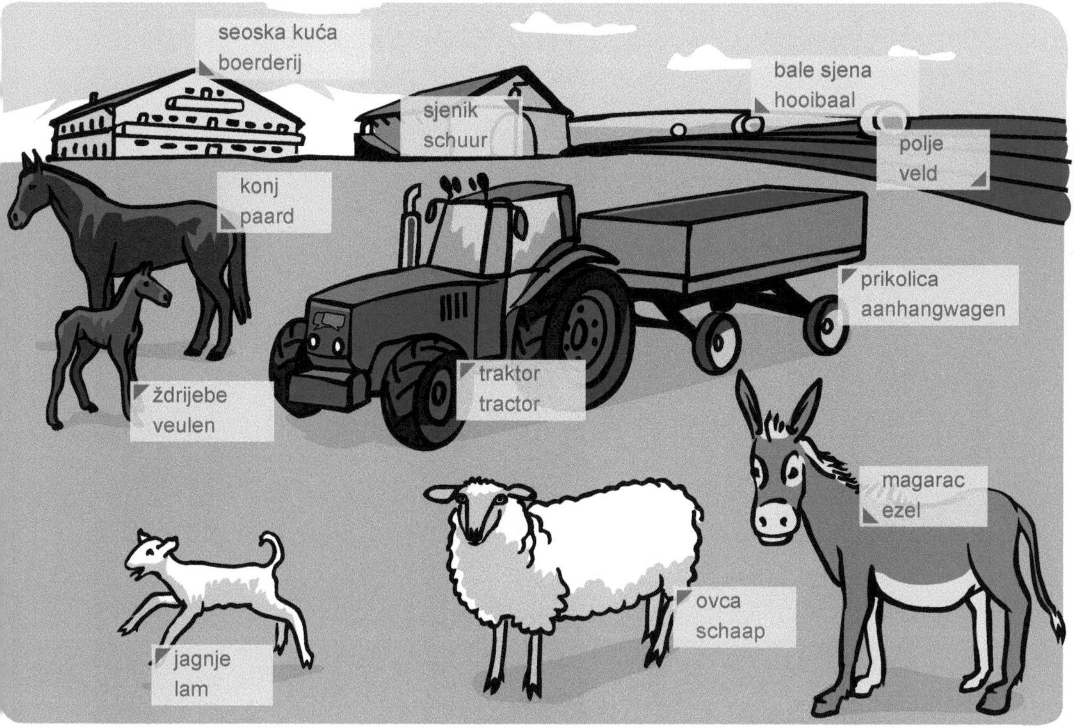
seoska kuća
boerderij
sjenik
schuur
bale sjena
hooibaal
polje
veld
konj
paard
prikolica
aanhangwagen
traktor
tractor
ždrijebe
veulen
magarac
ezel
ovca
schaap
jagnje
lam

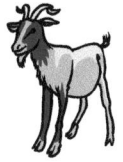

koza

geit

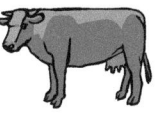

krava

koe

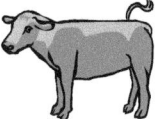

tele

kalf

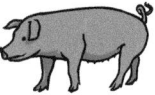

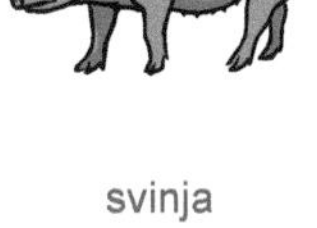

svinja

varken

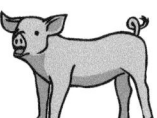

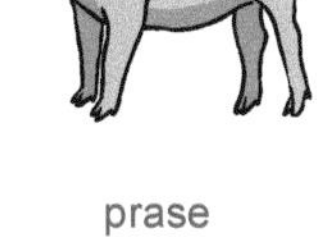

prase

big

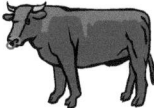

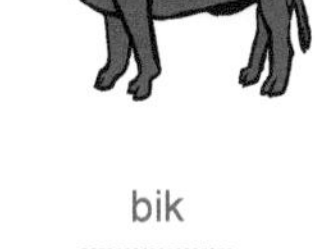

bik

stier

guska
gans

patka
eend

pile
kuiken

kokoška
kip

pjetao
haan

pacov
rat

mačka
kat

miš
muis

vol
os

pas
hond

pseća kućica
hondenhok

crijevo za baštu
tuinslang

kanta za zalijevanje
gieter

kosa
zeis

plug
ploeg

srp
sikkel

motika
schoffel

vile
hooivork

sjekira
bijl

tačke
kruiwagen

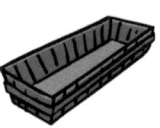

korito
trog

bokal za mlijeko
melkbus

vreća
zak

ograda
hek

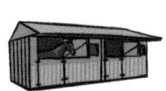

štala
stal

staklenik
broeikas

tlo
grond

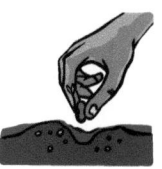

sjeme
zaad

đubrivo
mest

kombajn
maaidorser

kositi

oogsten

žetva

oogst

jam korijen

yam

pšenica

tarwe

soja

soja

krompir

aardappel

kukuruz

maïs

uljana repica

koolzaad

drvo voća

fruitboom

manioka

maniok

žito

granen

kuća
huis

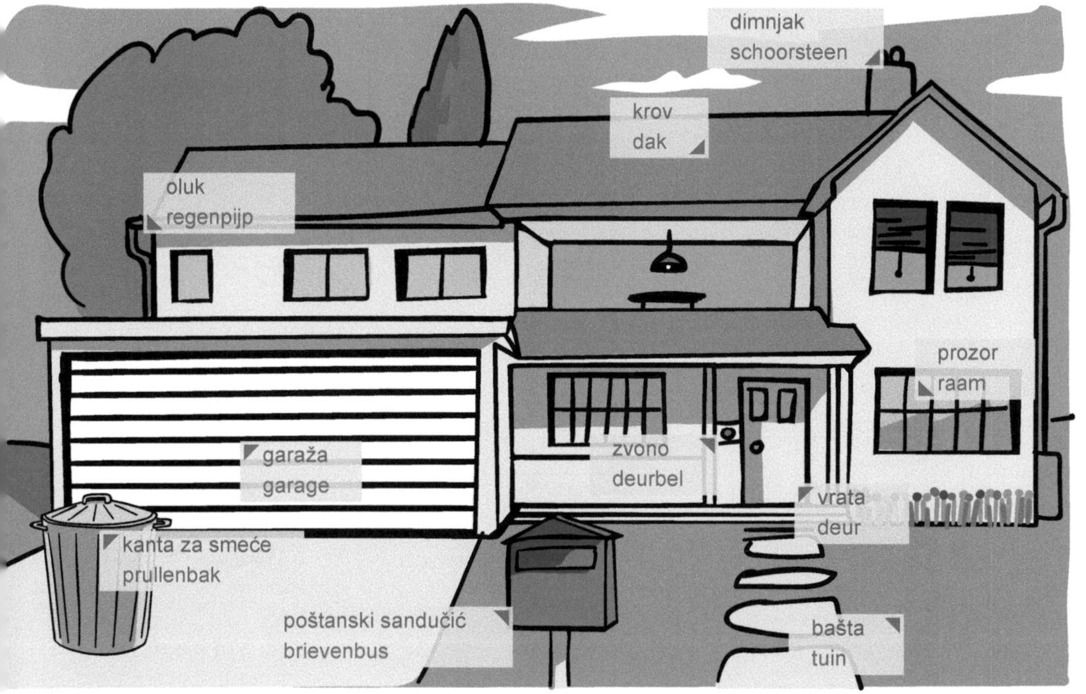
dimnjak
schoorsteen
krov
dak
oluk
regenpijp
prozor
raam
garaža
garage
zvono
deurbel
vrata
deur
kanta za smeće
prullenbak
poštanski sandučić
brievenbus
bašta
tuin

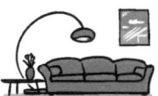

dnevni boravak

woonkamer

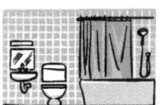

kupatilo

badkamer

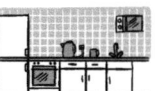

kuhinja

keuken

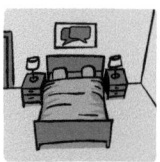

spavaća soba

slaapkamer

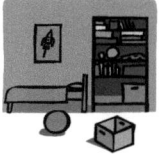

dječija soba

kinderkamer

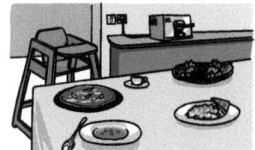

trpezarija

eetkamer

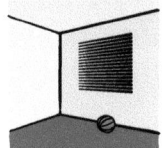

pod, tlo
vloer

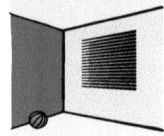

zid
muur

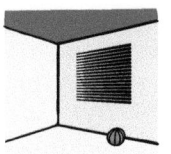

plafon
plafond

podrum
kelder

sauna
sauna

balkon
balkon

terasa
terras

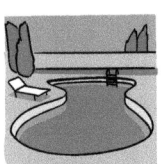

bazen
zwembad

kosilica
grasmaaier

posteljina
laken

pokrivač
bedsprei

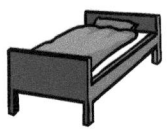

krevet
bed

metla
bezem

kanta
emmer

prekidač
schakelaar

dnevni boravak
woonkamer

tapeta
behang
fotografija
foto
lampa
lamp
polica
plank
ormar
kast
televizija
televisie
dimnjak
open haard
cvijet
bloem
jastuk
kussen
kauč
bankstel
vaza
vaas
daljinski upravljač
afstandsbediening

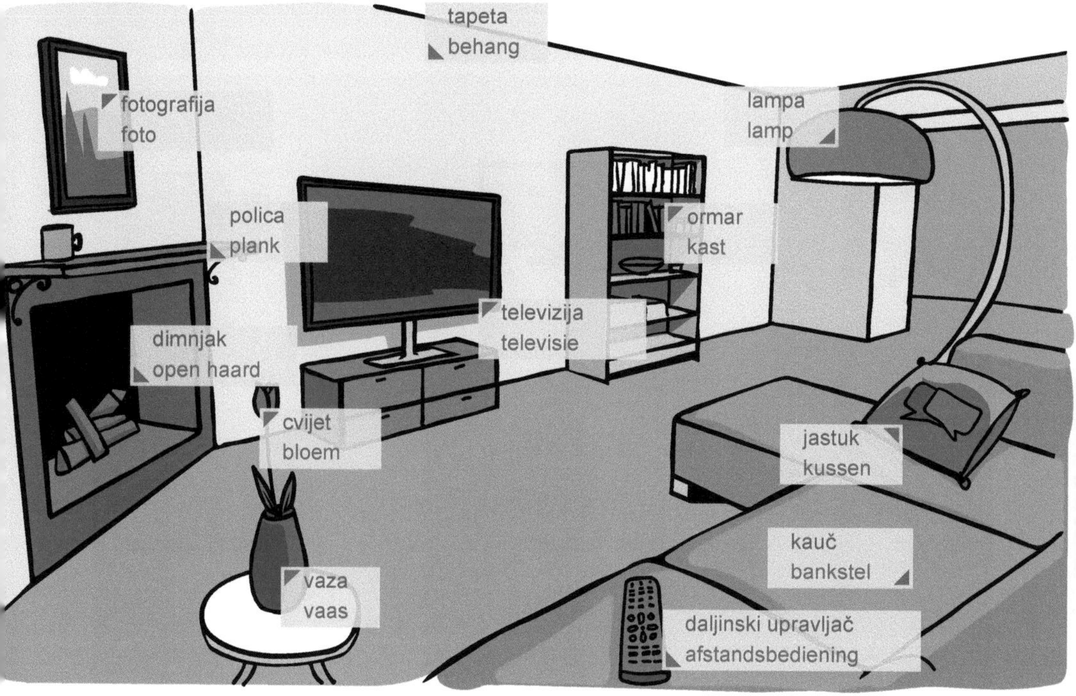

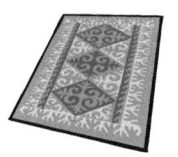

tepih

tapijt

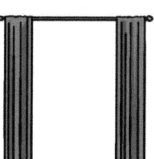

zavjesa

gordijn

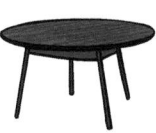

stol

tafel

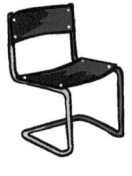

stolica

stoel

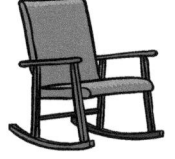

stolica za ljuljanje

schommelstoel

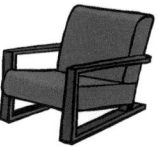

fotelja

stoel

knjiga
boek

deka
deken

dekoracija
decoratie

ložno drvo
brandhout

film
film

stereo uređaj
stereo-installatie

ključ
sleutel

novine
krant

umjetnička slika
schilderij

poster
poster

radio
radio

blok za bilješke
kladblok

usisavač
stofzuiger

kaktus
cactus

svijeća
kaars

kuhinja
keuken

hladnjak
koelkast
mikrovalna pećnica
magnetron
kuhinjska vaga
keukenweegschaal
toster
toaster
sredstvo za čišćenje
schoonmaakmiddel
rerna
oven
zamrzivač
vriesvak
kanta za smeće
prullenbak
mašina za suđe, perilica
vaatwasser

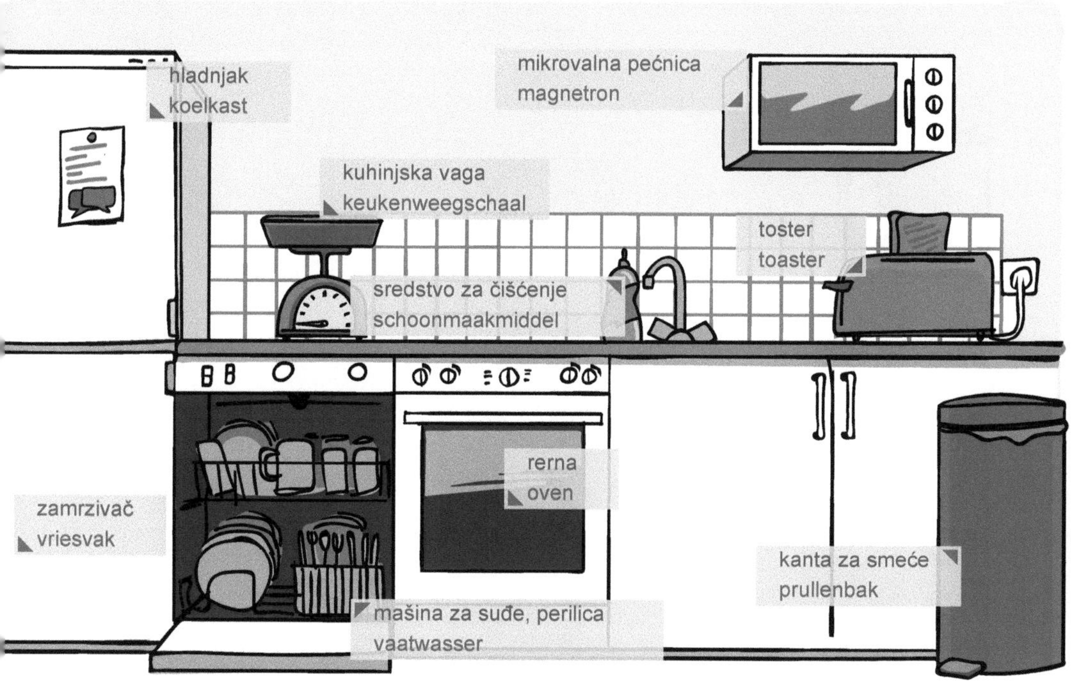

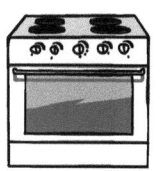

peć

fornuis

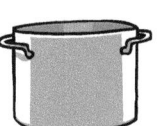

lonac

pan

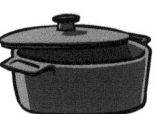

metalni lonac

gietijzeren pan

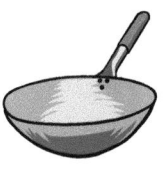

vok / kadai

wok / kadai

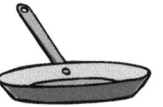

tava, tiganj

koekenpan

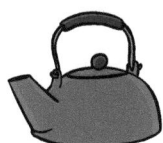

kuhalo

ketel

aparat za kuhanje na pari

stoomkoker

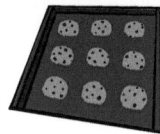

lim za pečenje

bakplaat

posuđe

servies

šalica

beker

činija

kom

kineski štapići

eetstokjes

kutlača

soeplepel

lopatica

spatel

metlica za snijeg bjelanjca

garde

sito za kuhanje

vergiet

sito

zeef

ribež

rasp

avan s tučkom

vijzel

roštilj

barbecue

ložište

vuurhaard

daska

snijplank

oklagija

deegroller

vadičep

kurkentrekker

konzerva

blik

otvarač za konzerve

blikopener

krpe za lonac

pannenlap

sudoper

wasbak

četka

borstel

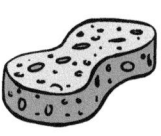

spužva

spons

mikser

blender

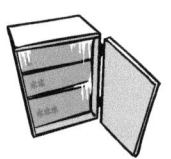

zamrzivač

vriezer

flašica za bebu

babyflesje

slavina

kraan

kupatilo
badkamer

grijanje
verwarming
tuš
douche
peškir
handdoek
zavjesa za tuš
douchegordijn
pjenušava kupka
bubbelbad
kada
bad
čaša
glas
mašina za veš
wasmachine
slavina
kraan
pločice
tegels
dječja kahlica
potje
sudoper
wasbak

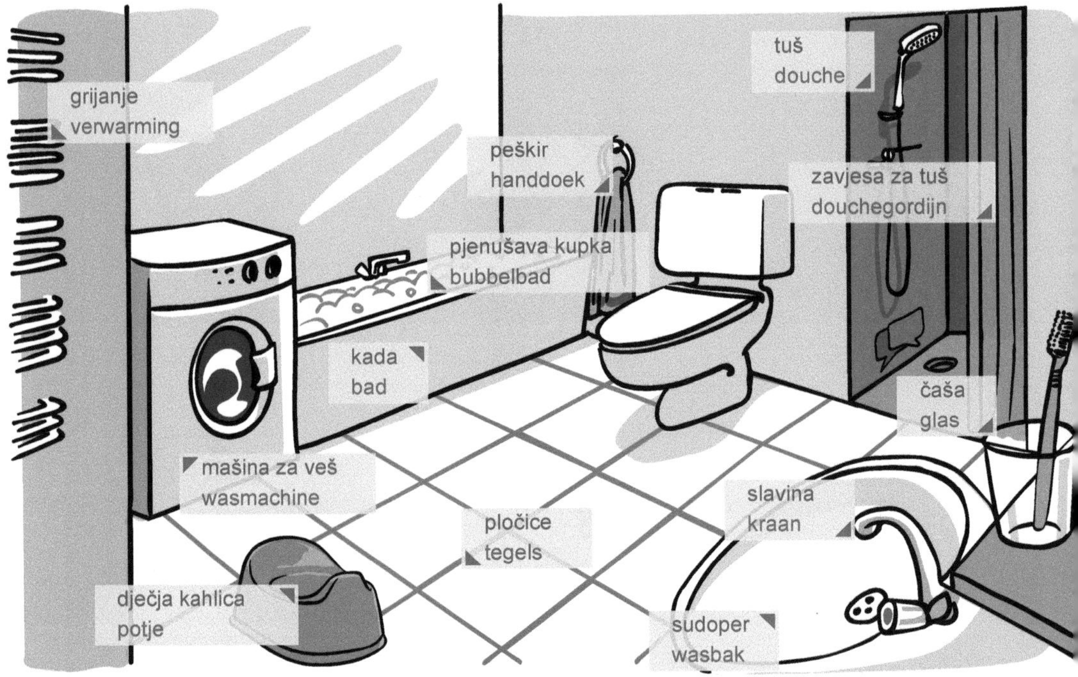

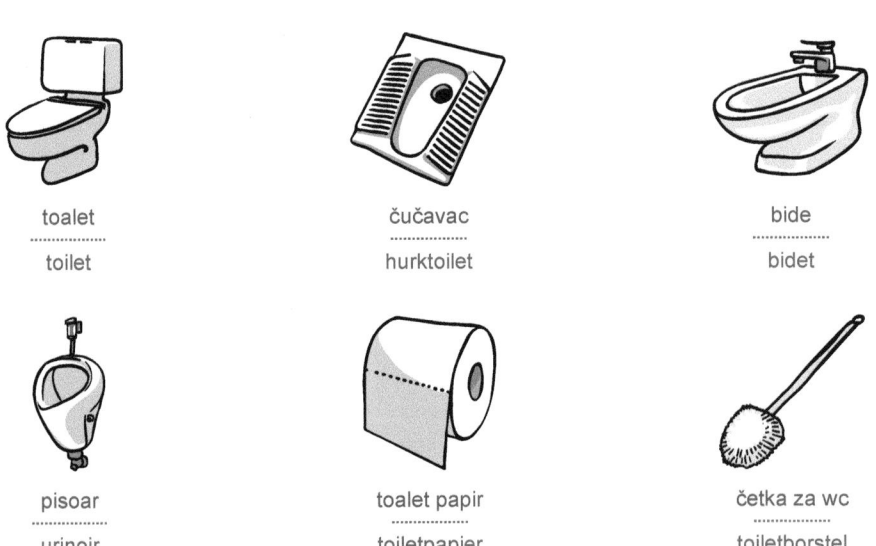

toalet

toilet

čučavac

hurktoilet

bide

bidet

pisoar

urinoir

toalet papir

toiletpapier

četka za wc

toiletborstel

četkica za zube

tandenborstel

pasta za zube

tandpasta

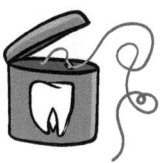

zubni konac

flosdraad

prati

wassen

tuš

handdouche

intimni tuš

toiletdouche

lavor

waskom

četka za leđa

rugborstel

sapun

zeep

gel za tуširanje

douchegel

šampon

shampoo

krpe za pranje

washanje

odvod

afvoer

krema

creme

dezodorans

deodorant

ogledalo

spiegel

ogledalo za šminkanje

make-upspiegel

brijač

scheermes

pjena za brijanje

scheerschuim

vodica poslije brijanja

aftershave

češalj

kam

četka

borstel

fen

haardroger

sprej za kosu

haarspray

puder

make-up

karmin

lippenstift

lak za nokte

nagellak

vata

watten

makazice za nokte

nagelschaartje

parfem

parfum

kozmetička torbica

toilettas

hoklica

kruk

vaga

weegschaal

kupaći ogrtač

badjas

rukavice za čišćenje

rubber handschoenen

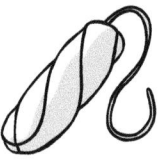

tampon

tampon

uložak za dame

maandverband

hemijski toalet

chemisch toilet

dječija soba
kinderkamer

budilnik
wekker
plišana igračka
knuffeldier
auto za igru
speelgoedauto
zvečka
rammelaar
kućica za lutke
poppenhuis
poklon
cadeau

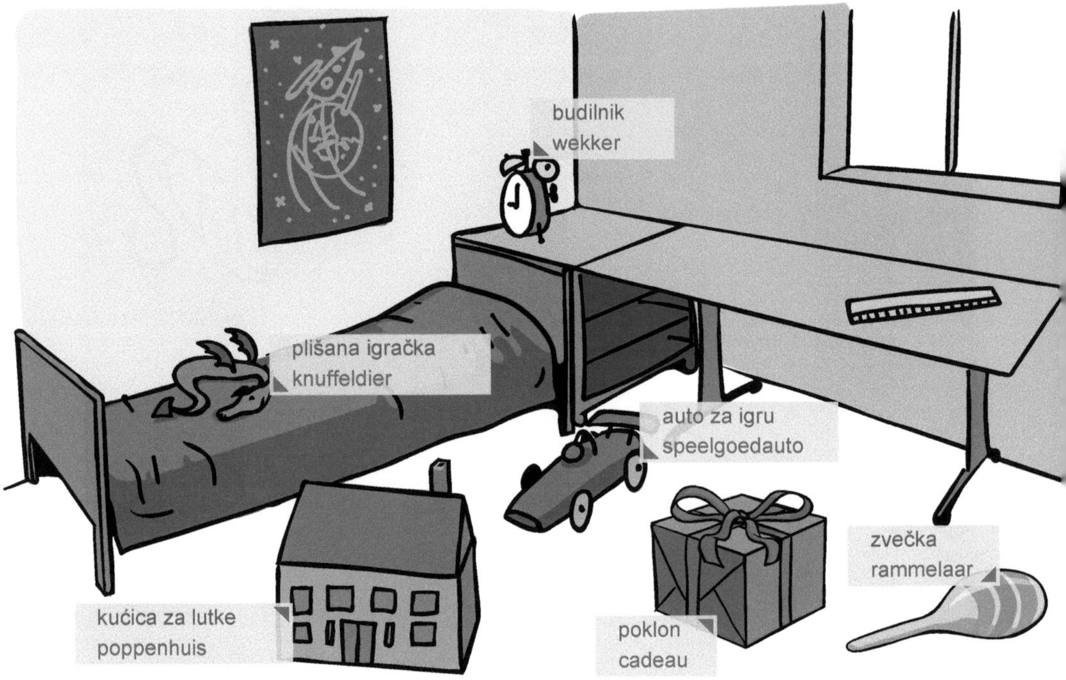

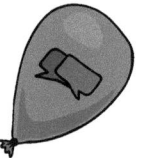

balon

ballon

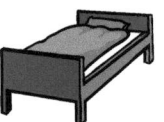

krevet

bed

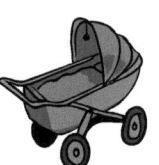

kolica za djecu

kinderwagen

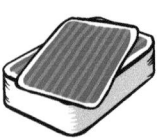

karte za igranje

kaartspel

puzle

puzzel

SUPER
MEGA

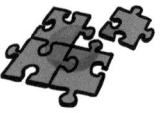

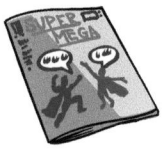

strip

stripverhaal

lego kockice

legostenen

kockice za gradnju

speelgoedblokken

akcione figure

actiefiguurtje

benkica

romper

frizbi

frisbee

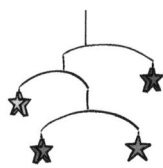

mobile

mobile

igra na ploči

bordspel

kocka

dobbelsteen

miniatura željeznice

modeltrein

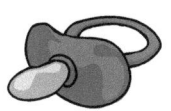

cucla

speen

zabava

feestje

slikovnica

prentenboek

lopta

bal

lutka

pop

igrati

spelen

pješćanik
zandbak

ljuljačka
schommel

igračke
speelgoed

konzola za igru
spelcomputer

triciklo
driewieler

medvjedić
teddybeer

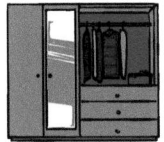

ormar
kleerkast

odjeća
kleding

kratke čarape
sokken

čarape
kousen

hulahopke
panty

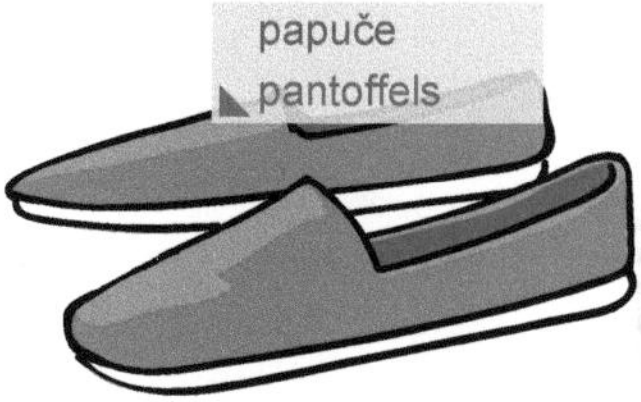

šal
sjaal

kišobran
paraplu

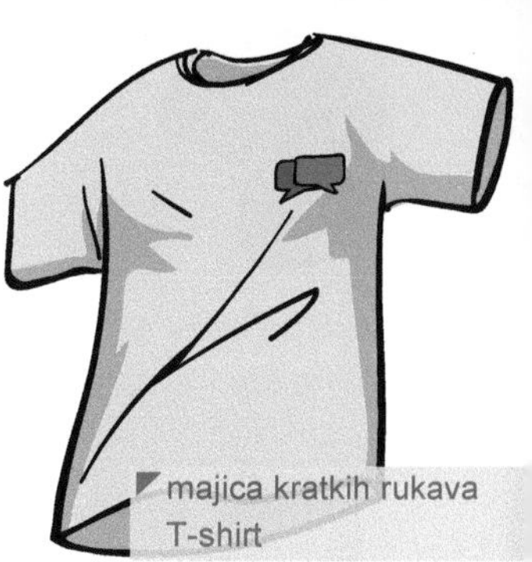

majica kratkih rukava
T-shirt

kaiš
riem

čizme
laarzen

papuče
pantoffels

patike
sportschoenen

sandale
sandalen

cipele
schoenen

gumene čizme
rubberlaarzen

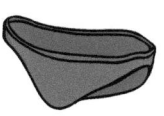

gaće
onderbroek

grudnjak
beha

potkošulja
onderhemd

bodi
body

hlače
broek

farmerke
spijkerbroek

suknja
rok

bluza
blouse

košulja
overhemd

džemper
trui

majica
hoody

sako
blazer

jakna
jas

mantil
mantel

kišni mantil
regenjas

kostim
kostuum

haljina
jurk

vjenčanica
trouwjurk

odijelo
pak

spavaćica
nachthemd

pidžama
pyjama

sari
sari

marama
hoofddoek

turban
tulband

burka
boerka

kaftan
kaftan

abaja
abaja

kupaći kostim
zwempak

kupaće gaće
zwembroek

kratke hlače
korte broek

trenerka
trainingspak

pregača
schort

rukavice
handschoenen

dugme
knoop

naočare
bril

narukvica
armband

ogrlica
ketting

prsten
ring

naušnica
oorbel

kapa
pet

vješalica
kledinghanger

šešir
hoed

kravata
stropdas

patentni zatvarač
rits

kaciga
helm

tregeri za hlače
bretels

školska uniforma
schooluniform

uniforma
uniform

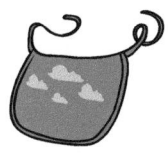

podbradak

slabbetje

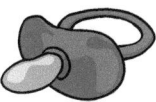

cucla

speen

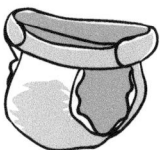

pelene

luier

ured
kantoor

server
server
ormar za kartoteku
archiefkast
papir
papier
štampač
printer
monitor
beeldscherm
pisaći sto
bureau
miš
muis
registrator
map
tastatura
toetsenbord
korpa za papir
prullenmand
kompjuter
computer
stolica
stoel

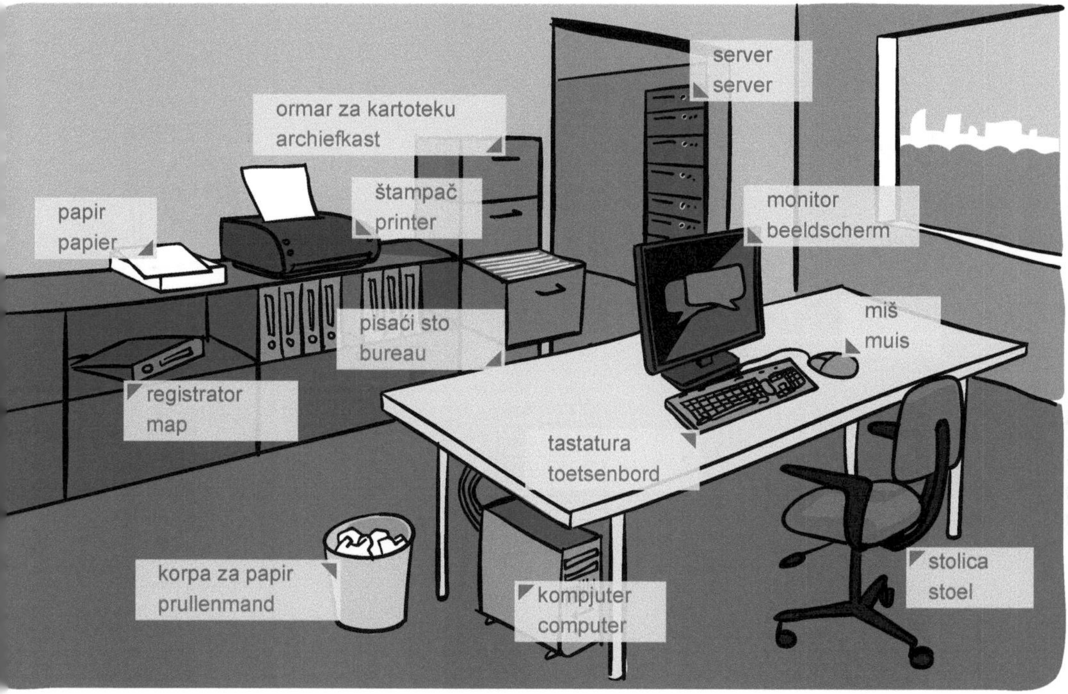

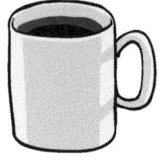

šolja za kafu

koffiemok

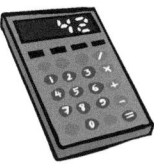

kalkulator

rekenmachine

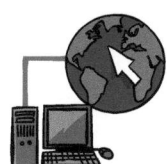

internet

internet

laptop
laptop

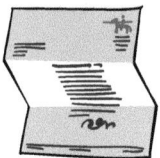

pismo
brief

poruka
bericht

mobilni telefon
mobiele telefoon

mreža
netwerk

aparat za kopiranje
kopieermachine

softver
software

telefon
telefoon

utičnica
stopcontact

faks
fax

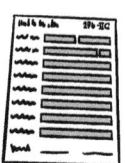

formular
formulier

dokument
document

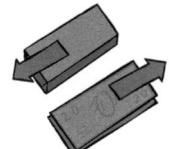

kupovati

kopen

platiti

betalen

trgovati

handel drijven

novac

geld

dolar

dollar

euro

euro

jen

yen

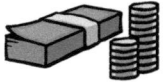

rublja

roebel

franak

Zwitserse frank

renminbi jen

renminbi yuan

rupi

roepie

bankomat

geldautomaat

mjenjačnica

wisselkantoor

zlato

goud

srebro

zilver

nafta

olie

energija

energie

cijena

prijs

ugovor

contract

porez

belasting

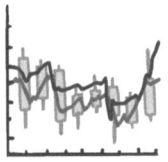

akcija

aandeel

raditi

werken

službenik

werknemer

poslodavac

werkgever

fabrika

fabriek

radnja

winkel

zanimanja
beroepen

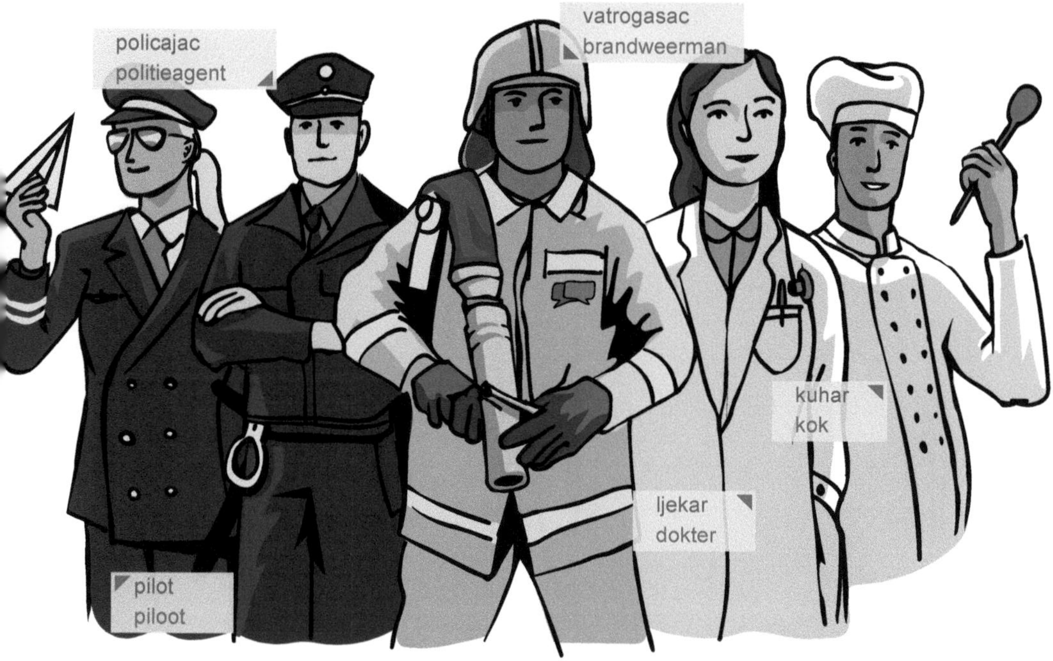
vatrogasac
brandweerman
policajac
politieagent
kuhar
kok
ljekar
dokter
pilot
piloot

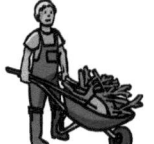

baštovan

tuinman

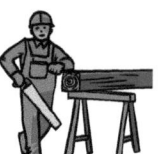

stolar

timmerman

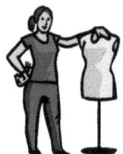

krojačica

naaister

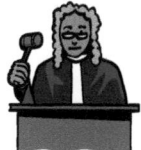

sudija

rechter

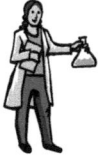

hemičar

scheikundige

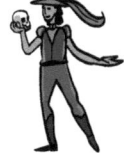

glumac

toneelspeler

vozač autobusa

buschauffeur

vozač taksija

taxichauffeur

ribar

visser

čistačica

schoonmaakster

krovopokrivač

dakdekker

konobar

ober

lovac

jager

moler

schilder

pekar

bakker

električar

elektricien

građevinski radnik

bouwvakker

inženjer

ingenieur

koljač

slager

limar, vodoinstalater

loodgieter

poštar

postbode

vojnik

soldaat

arhitekta

architect

blagajnik

kassier

cvjećar

bloemist

frizer

kapper

kontrolor

conducteur

mehaničar

monteur

kapiten

kapitein

zubar

tandarts

naučnik

wetenschapper

rabin

rabbi

imam

imam

monah

monnik

sveštenik

pastoor

alat
gereedschap

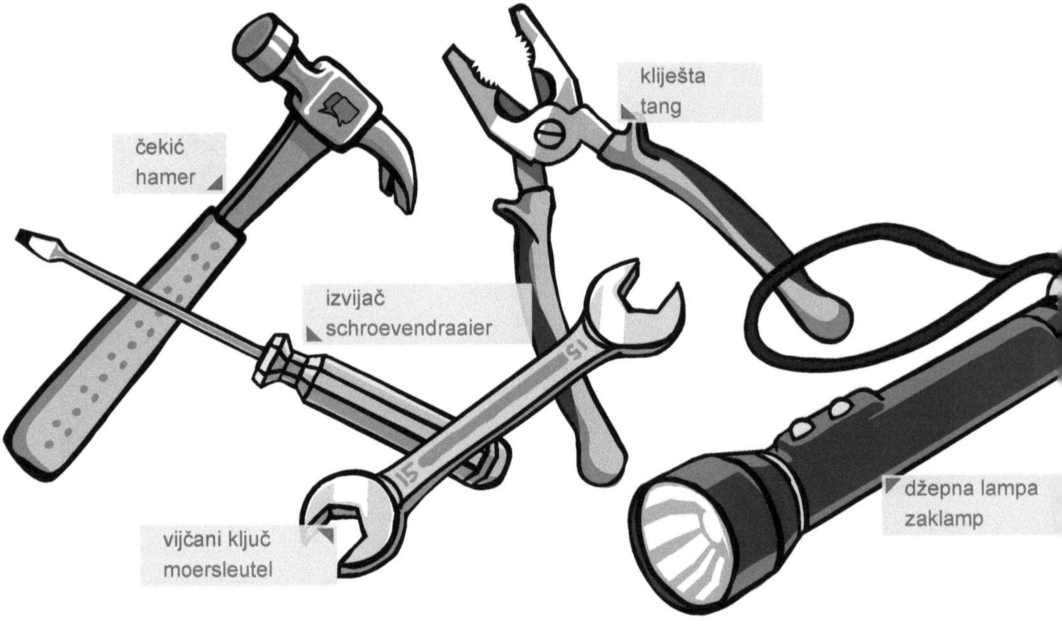
klješta
tang
čekić
hamer
izvijač
schroevendraaier
džepna lampa
zaklamp
vijčani ključ
moersleutel

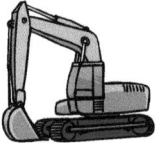

bager

graafmachine

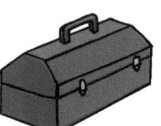

kutija sa alatom

gereedschapskist

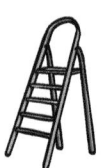

ljestve

ladder

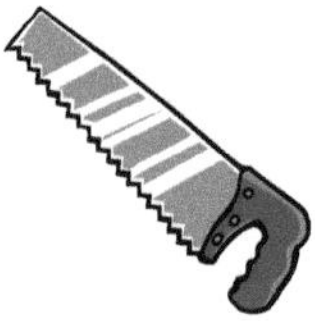

testera, pila

zaag

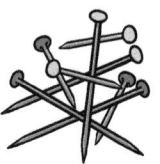

ekser

spijkers

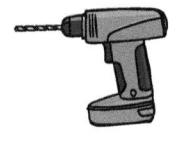

bušilica

boor

popraviti

repareren

lopata

schep

sranje!

Verdorie!

lopatica

stofblik

kanta boje

verfpot

vijak

schroeven

muzički instrumenti
muziekinstrumenten

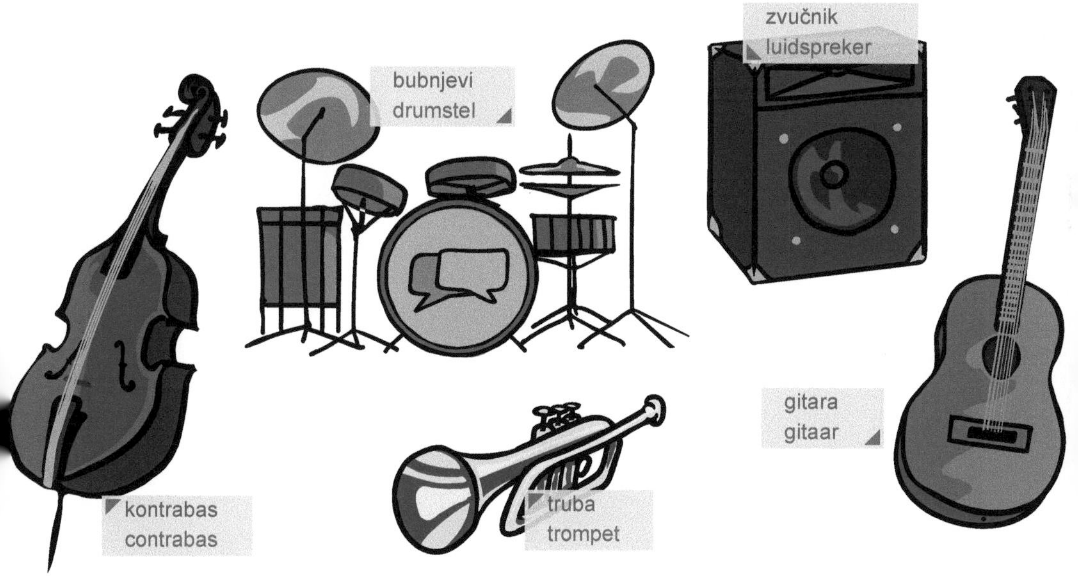

bubnjevi
drumstel

zvučnik
luidspreker

gitara
gitaar

kontrabas
contrabas

truba
trompet

klavir

piano

violina

viool

bas

bas

bubanj timpani

pauk

bubanj

trommel

sintisajzer

keyboard

saksofon

saxofoon

flauta

fluit

mikrofon

microfoon

zološki vrt
dierentuin

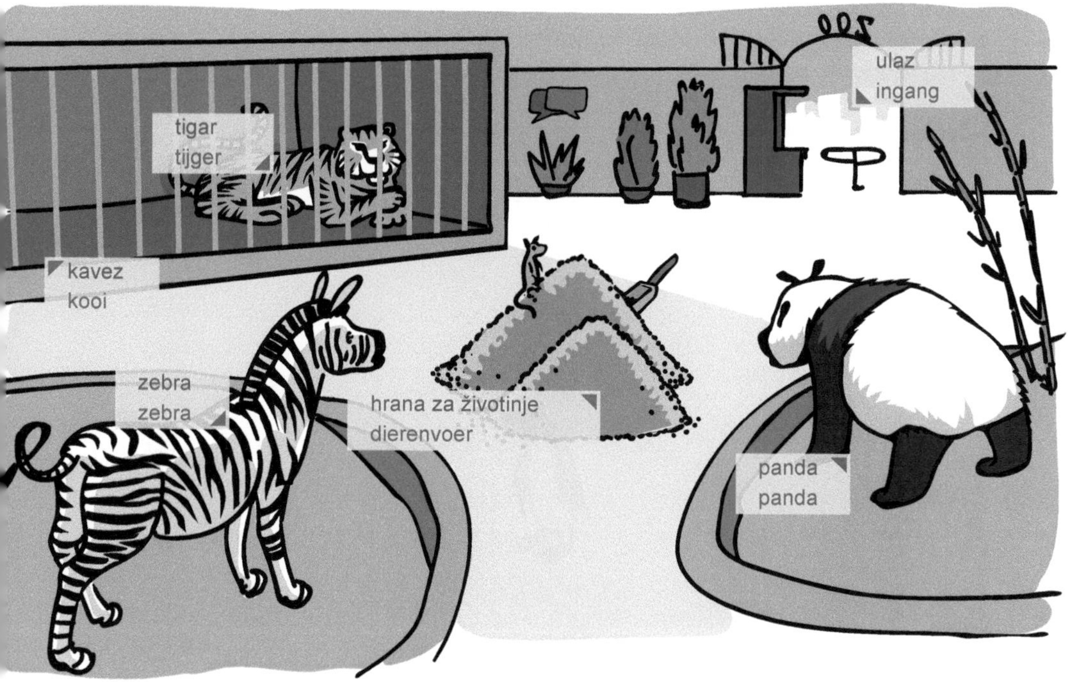

ulaz
ingang
tigar
tijger
kavez
kooi
zebra
zebra
hrana za životinje
dierenvoer
panda
panda

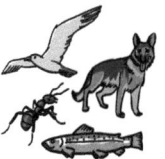

životinje

dieren

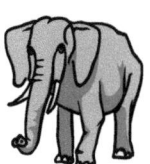

slon

olifant

kengur

kangoeroe

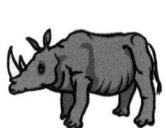

nosorog

neushoorn

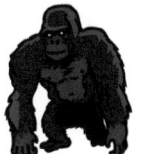

gorila

gorilla

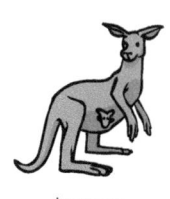

medvjed

beer

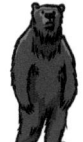

kamila

kameel

noj

struisvogel

lav

leeuw

majmun

aap

flamingo

flamingo

papagaj

papegaai

polarni medvjed

ijsbeer

pingvin

pinguïn

morski pas

haai

paun

pauw

zmija

slang

krokodil

krokodil

čuvar u zološkom vrtu

dierenverzorger

tuljan

zeehond

jaguar

jaguar

poni
pony

leopard
luipaard

nilski konj
nijlpaard

žirafa
giraffe

orao
adelaar

divlja svinja
wild zwijn

riba
vis

kornjača
schildpad

morž
walrus

lisica
vos

gazela
gazelle

američki fudbal
American football

vožnja bicikla
wielrennen

tenis
tennis

košarka
basketbal

plivanje
zwemmen

boks
boksen

hokej na ledu
ijshockey

fudbal
voetbal

bedminton
badminton

laka atletika
atletiek

rukomet
handbal

skijanje
skiën

polo
polo

aktivnosti
activiteiten

skakati
springen
zagrliti
knuffelen
smijati se
lachen
ići
lopen
pjevati
zingen
sanjati
dromen
moliti
bidden
ljubiti
kussen

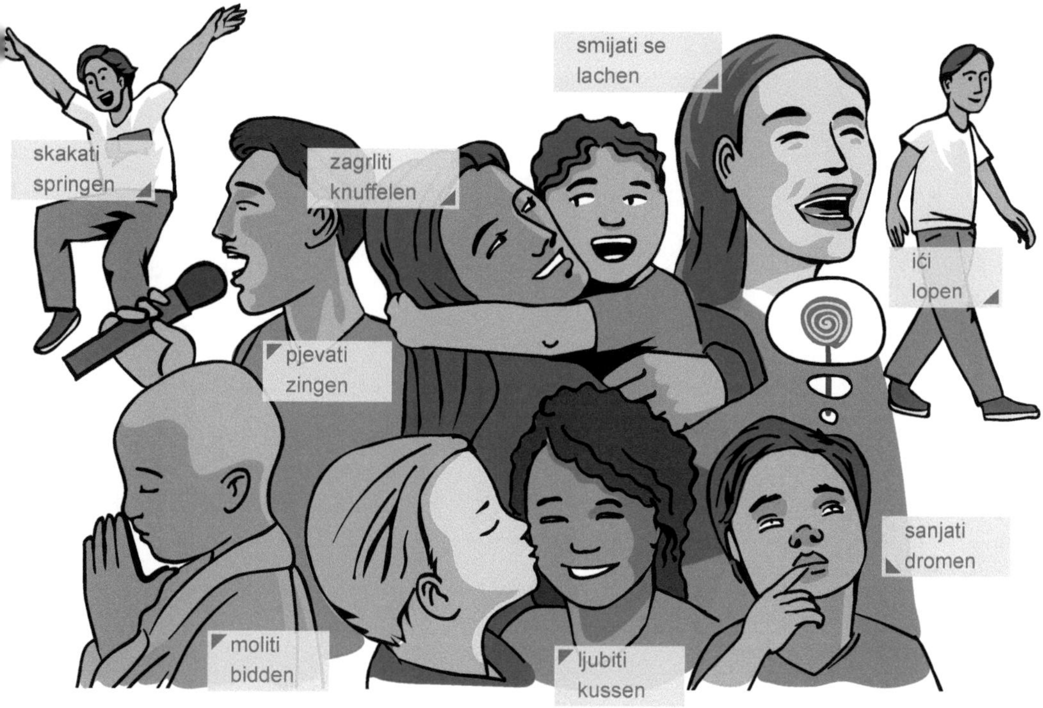

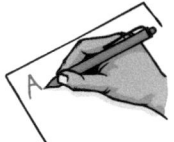

pisati
schrijven

crtati
tekenen

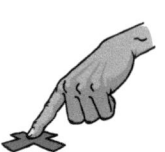

pokazati
tonen

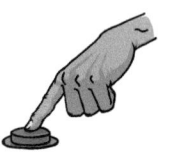

gurati
duwen

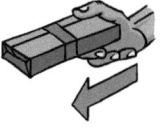

dati
geven

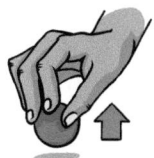

uzeti
oppakken

imati
hebben

raditi
doen

biti
zijn

stajati
staan

trčati
rennen

vući
trekken

baciti
gooien

pasti
vallen

ležati
liggen

čekati
wachten

nositi
dragen

sjediti
zitten

obući
aankleden

spavati
slapen

probuditi
wakker worden

pogledati

bekijken

plakati

huilen

milovati

strelen

češljati

kammen

govoriti

praten

razumjeti

begrijpen

pitati

vragen

slušati

horen

piti

drinken

jesti

eten

pospremiti

opruimen

voljeti

houden van

kuhati

koken

voziti

rijden

letjeti

vliegen

jedriti
zeilen

računati
rekenen

čitati
lezen

učiti
leren

raditi
werken

vjenčavti
trouwen

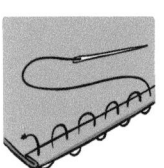

šiti
naaien

prati zube
tandenpoetsen

ubiti
doden

pušiti
roken

slati
verzenden

baka
grootmoeder

djed
grootvader

otac
vader

majka
moeder

beba
baby

kćerka
dochter

sin
zoon

gost

gast

ujna, tetka, strina

tante

ujak, tetak, stric

oom

brat

broer

sestra

zus

tijelo
lichaam

čelo
voorhoofd
oko
oog
leđa
schouder
prst
vinger
lice
gezicht
brada
kin
ruka, šaka
hand
grudi
borst
noga
been
ruka
arm

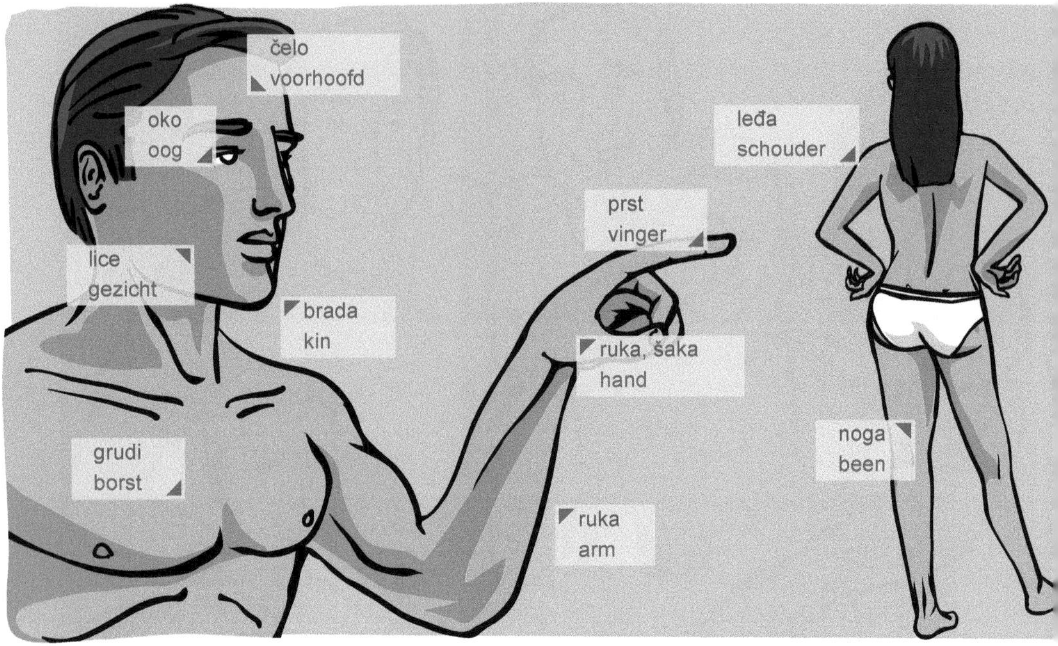

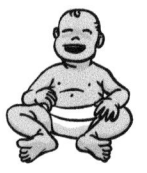

beba

baby

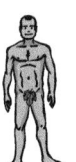

muškarac

man

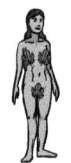

žena

vrouw

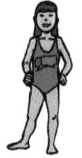

djevojčica

meisje

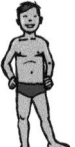

dječak

jongen

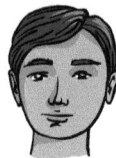

glava

hoofd

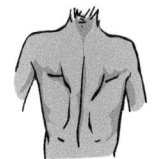

leđa
rug

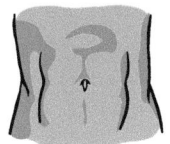

stomak
buik

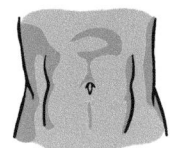

pupak
navel

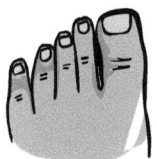

nožni prst
teen

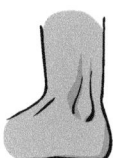

peta
hiel

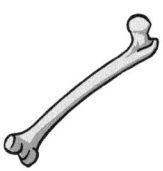

kosti
bot

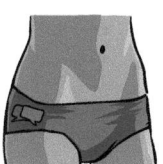

kuk
heup

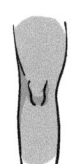

koljeno
knie

lakat
elleboog

nos
neus

stražnjica
achterwerk

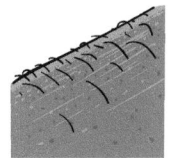

koža
huid

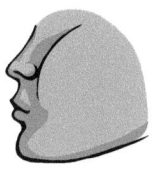

obraz
wang

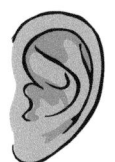

uho
oor

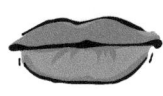

usna
lippen

tijelo - lichaam

usta

mond

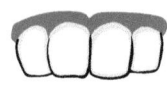

zub

tand

jezik

tong

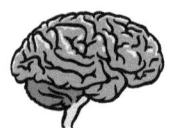

mozak

hersenen

srce

hart

mišić

spier

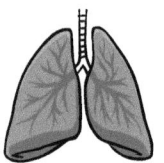

pluća

long

jetra

lever

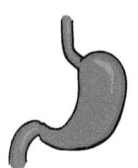

želudac

maag

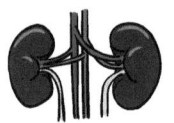

bubreg

nieren

spolni odnos

geslachtsgemeenschap

kondom

condoom

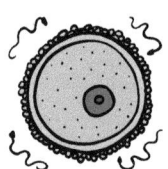

jajna ćelija

eicel

sperma

sperma

trudnoća

zwangerschap

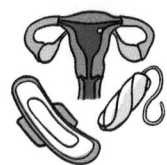

menstruacija
menstruatie

vagina
vagina

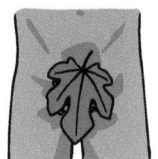

penis
penis

obrva
wenkbrauw

kosa
haar

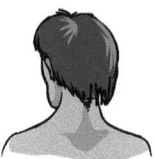

vrat
hals

bolnica
ziekenhuis

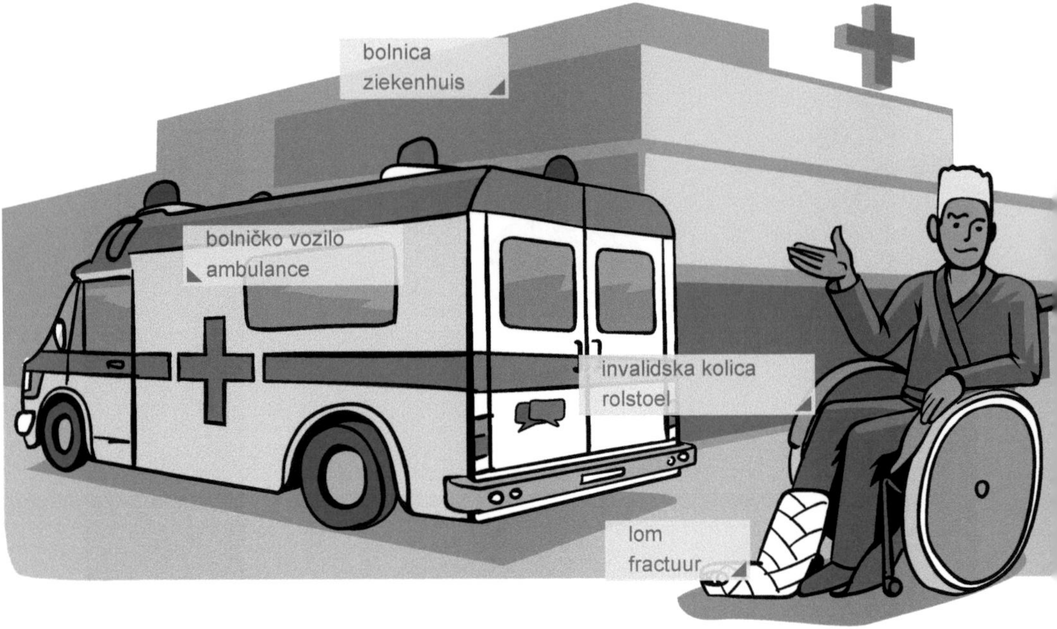

bolnica
ziekenhuis
bolničko vozilo
ambulance
invalidska kolica
rolstoel
lom
fractuur

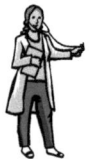

ljekar

dokter

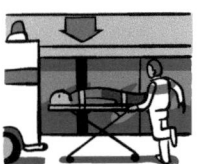

hitna služba

EHBO

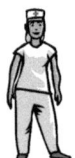

medicinska sestra

verpleegster

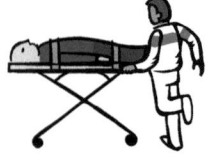

hitna pomoć

noodgeval

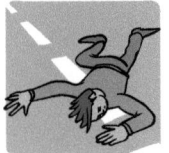

nesvjest

bewusteloos

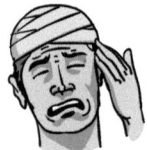

bol

pijn

povreda
·············
verwonding

krvarenje
·············
bloeding

srčani udar, infarkt
·············
hartaanval

moždani udar
·············
beroerte

alergija
·············
allergie

kašalj
·············
hoest

groznica
·············
koorts

gripa
·············
griep

proljev
·············
diarree

glavobolja
·············
hoofdpijn

rak
·············
kanker

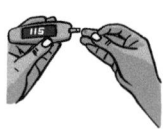

dijabetes
·············
diabetes

hirurg
·············
chirurg

skalpel
·············
scalpel

operacija
·············
operatie

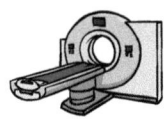

CT

CT

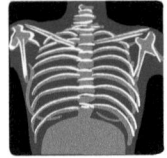

rendgen

röntgen

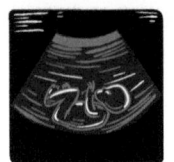

ultrazvuk

echografie

maska

gezichtsmasker

bolest

ziekte

čekaonica

wachtkamer

štake

kruk

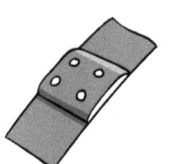

flaster

pleister

zavoj

verband

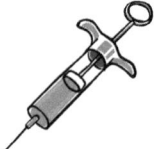

injekcija

injectie

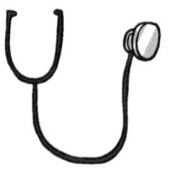

stetoskop

stethoscoop

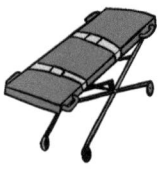

nosilo

brancard

termometar

thermometer

porod

geboorte

prekomjerna težina, debljina

overgewicht

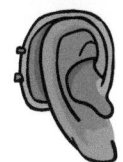

slušni aparat

gehoorapparaat

sredstvo za dezinfekciju

ontsmettingsmiddel

infekcija

infectie

virus

virus

HIV/ AIDS

HIV / AIDS

medicina

medicijn

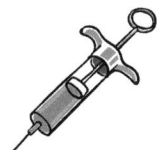

vakcinacija

inenting

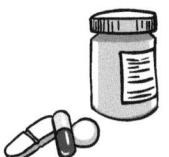

tablete

tabletten

pilula

pil

hitni poziv

alarmnummer

aparat za mjerenje pritiska

bloeddrukmeter

bolestan / zdrav

ziek / gezond

Upomoć!

Help!

alarm

alarm

napad, prepad

overval

napad

aanval

opasnost

gevaar

izlaz u slučaju opasnosti

nooduitgang

Požar!

Brand!

vatrogasni aparat

brandblusser

nezgoda

ongeluk

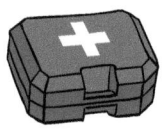

torba prve pomoći

EHBO-koffer

SOS

SOS

policija

politie

Europa

Europa

Sjeverna Amerika

Noord-Amerika

Južna Amerika

Zuid-Amerika

Afrika

Afrika

Azija

Azië

Australija

Australië

Atlantik

Atlantische Oceaan

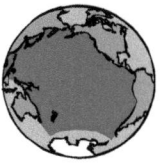

Pacifik

Stille Oceaan

Indijski okean

Indische Oceaan

Antarktički okean

Zuidelijke Oceaan

Arktički okean

Noordelijke IJszee

Sjeverni pol

Noordpool

Južni pol
Zuidpool

Antarktik
Antarctica

Zemlja
aarde

zemlja
land

more
zee

ostrvo
eiland

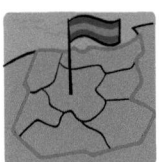

nacija
natie

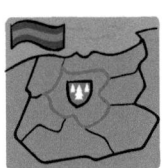

država
staat

brojčanik sata

wijzerplaat

kazaljka sata

uurwijzer

kazaljka minute

minutenwijzer

kazaljka sekunde

secondewijzer

Koliko je sati?

Hoe laat is het?

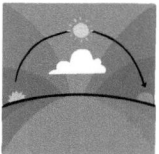

dan

dag

vrijeme

tijd

sada

nu

digitalni sat

digitaal horloge

minuta

minuut

sat

uur

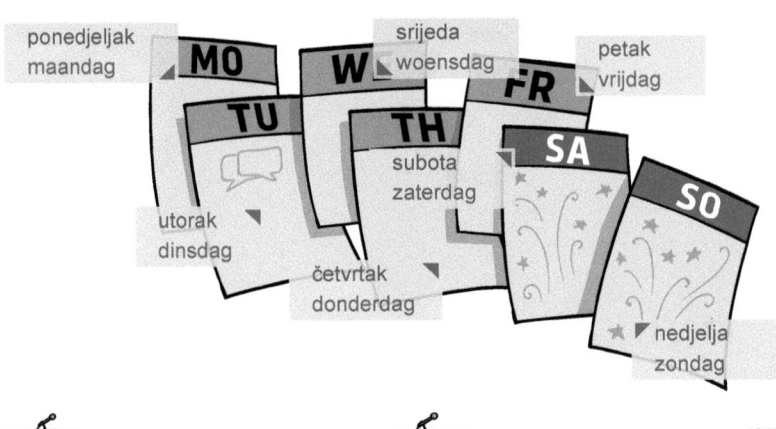

ponedjeljak
maandag

srijeda
woensdag

petak
vrijdag

utorak
dinsdag

subota
zaterdag

četvrtak
donderdag

nedjelja
zondag

juče
....
gisteren

danas
....
vandaag

sutra
....
morgen

jutro
....
ochtend

podne
....
middag

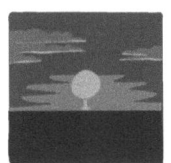

veče
....
avond

MO	TU	WE	TH	FR	SA	SU
1	2	3	4	5	6	7
8	9	10	11	12	13	14
15	16	17	18	19	20	21
22	23	24	25	26	27	28
29	30	31	1	2	3	4

radni dani
....
werkdagen

MO	TU	WE	TH	FR	SA	SU
1	2	3	4	5	6	7
8	9	10	11	12	13	14
15	16	17	18	19	20	21
22	23	24	25	26	27	28
29	30	31	1	2	3	4

vikend
....
weekend

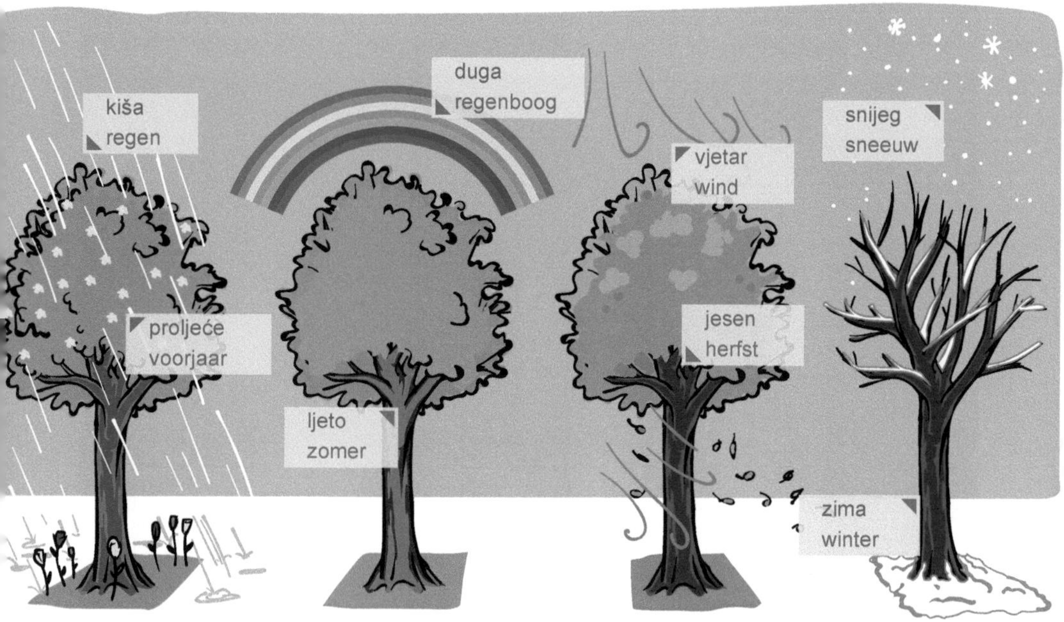

kiša
regen
duga
regenboog
vjetar
wind
snijeg
sneeuw
proljeće
voorjaar
jesen
herfst
ljeto
zomer
zima
winter

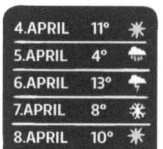

4.APRIL 11°
5.APRIL 4°
6.APRIL 13°
7.APRIL 8°
8.APRIL 10°

prognoza vremena

weerbericht

F C
120 90 60 30 0 -30
40 30 20 10 0 -10 -20

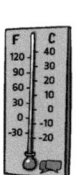

termometar

thermometer

sunčev sjaj

zonneschijn

oblak

wolk

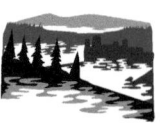

magla

mist

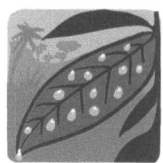

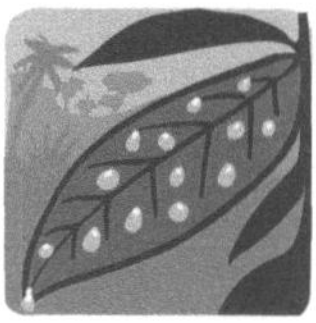

vlažnost vazduha

luchtvochtigheid

munja	grom	oluja
bliksem	donder	storm

tuča, led	monsun	poplava
hagel	moesson	overstroming

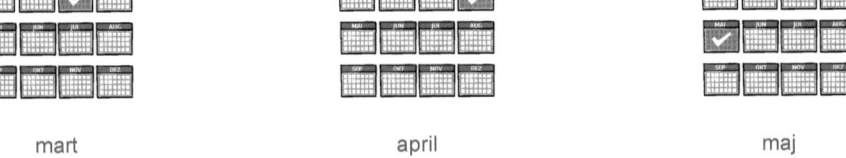

led	januar	februar
ijs	januari	februari

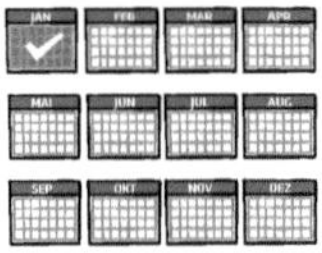

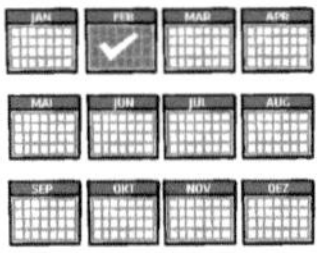

mart	april	maj
maart	april	mei

juni	juli	avgust
juni	juli	augustus

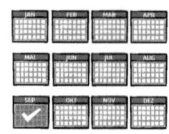

septembar
....
september

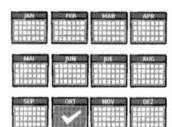

oktobar
....
oktober

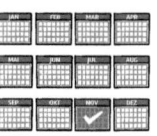

novembar
....
november

decembar
....
december

oblici

vormen

krug
....
cirkel

kvadrat
....
vierkant

pravougao
....
rechthoek

trougao
....
driehoek

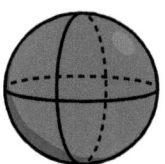

kugla
....
bol

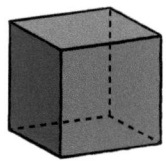

kocka
....
kubus

bjel

wit

žut

geel

narandžast

oranje

pink

roze

crven

rood

ljubičast

paars

plav

blauw

zelen

groen

smeđ

bruin

siv

grijs

crn

zwart

malo / mnogo

veel / weinig

ljutit / miran

boos / rustig

lijep / ružan

mooi / lelijk

početak / kraj

begin / einde

veliki / mali

groot / klein

svijetlo / tamno

licht / donker

brat / sestra

broer / zus

čist / prljav

schoon / vies

potpun / nepotpun

volledig / onvolledig

dan / noć

dag/ nacht

mrtav / živ

dood / levend

široko / usko

breed / smal

ukusno / neukusno

eetbaar / oneetbaar

zao / prijatan

gemeen / aardig

uzbuđen / dosadan

opgewonden / verveeld

debeo / mršav

dik / dun

najprije / najkasnije

eerste / laatste

prijatelj / neprijatelj

vriend / vijand

pun / prazan

vol / leeg

trvd / mekan

hard / zacht

težak / lagan

zwaar / licht

glad / žeđ

honger / dorst

bolestan / zdrav

ziek / gezond

ilegalan / legalan

illegaal / legaal

inteligentan / glup

intelligent / dom

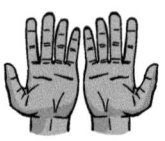

lijevo / desno

links / rechts

blizu / daleko

dichtbij / ver

nov / polovan

nieuw / gebruikt

ništa / nešto

niets / iets

star / mlad

oud / jong

uključeno / isključeno

aan / uit

otvoreno / zatvoreno

open / gesloten

tiho / glasno

zacht / luid

bogat / siromašan

rijk / arm

tačno / pogrešno

goed / fout

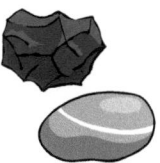

hrapav / glatak

ruw / glad

tužan / srećan

verdrietig / gelukkig

kratak / dug

kort / lang

spor / brz

langzaam / snel

mokro / suho

nat / droog

toplo / hladno

warm / koel

rat / mir

oorlog / vrede

0	**1**	**2**
nula	jedan	dva
nul	één	twee

3	**4**	**5**
tri	četiri	pet
drie	vier	vijf

6	**7**	**8**
šest	sedam	osam
zes	zeven	acht

9	**10**	**11**
devet	deset	jedanaest
negen	tien	elf

12

dvanaest

twaalf

13

trinaest

dertien

14

četrnaest

veertien

15

petnaest

vijftien

16

šesnaest

zestien

17

sedamnaest

zeventien

18

osamnaest

achttien

19

devetnaest

negentien

20

dvadeset

twintig

100

sto

honderd

1.000

hiljada

duizend

1.000.000

milion

miljoen

engleski

Engels

američki engleski

Amerikaans Engels

kinesko mandarinski

Chinees Mandarijn

hindi

Hindi

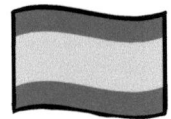

španski

Spaans

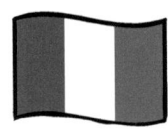

francuski

Frans

arapski

Arabisch

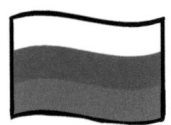

ruski

Russisch

portugalski

Portugees

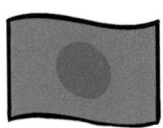

bengalski

Bengalees

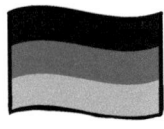

njemački

Duits

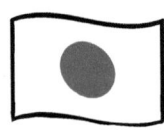

japanski

Japans

ja
....
ik

ti
....
jij

on / ona / ono
....
hij / zij / het

mi
....
wij

vi
....
jullie

oni
....
zij

ko?
....
wie?

šta?
....
wat?

kako?
....
hoe?

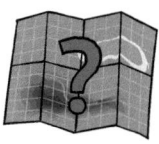

gdje?
....
waar?

kada?
....
wanneer?

ime
....
naam

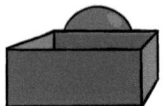

iza

achter

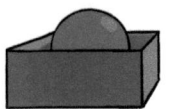

u

in

pred

voor

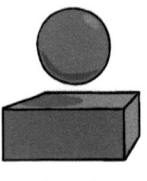

iznad

boven

na

op

ispod

onder

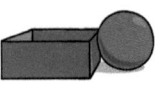

pored

naast

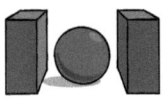

između

tussen

mjesto

plaats